AF393185

Philipp Niklaus

Mein Jakobsweg

Impressum

Bibliografische Information der Deutschen Nationalbibliothek:
Die Deutsche Nationalbibliothek verzeichnet diese Publikation in der Deutschen Nationalbibliografie; detaillierte bibliografische Daten sind im Internet über http://dnb.dnb.de abrufbar.

© 2023 Philipp Niklaus

Herstellung und Verlag: BoD – Books on Demand, Norderstedt

ISBN: 978-3-7578-5439-3

Heute möchte ich euch eine wahre Geschichte erzählen, die ich selbst erlebt habe. Die Namen sind frei erfunden, aber alles andere ist echt. Ich nehme euch mit auf eine kleine Reise durch meine Partnerschaft und vielleicht wird dem ein oder anderen bewusst, dass das Leben ein kleines Abenteuer ist. Wir selbst entscheiden, welchen Weg wir gehen. Es gibt meiner Meinung nach keinen richtigen oder falschen Weg, sondern nur einen individuellen und freien. Ich bitte nicht um Mitleid, obwohl ich all das erleben durfte. Ja, erleben durfte. Denn ich habe so viele Erfahrungen gemacht und Menschen kennenlernen dürfen, und manchmal auch den Glauben an die Menschheit verloren, denn Lügen und Betrug gehören leider zu unserem Leben dazu und wir müssen damit umgehen können. Aus heutiger Sicht würde ich selbst behaupten, dass ich schon ein großes Stück Vertrauen verloren habe und es fällt mir sehr schwer, Menschen zu vertrauen. Aber man sollte jedem Menschen, auch wenn man nicht so gute Erfahrungen gemacht hat, eine Chance geben. Ich habe die Geschichte wirklich kurz gehalten und konnte bzw. wollte nicht jedes Detail erzählen. Dennoch wünsche ich euch viel Spaß mit meiner Kurzgeschichte.

Im Jahr 2014 begann ich meine Arbeit in einem Callcenter. An meinem ersten Arbeitstag setzte sich eine Person neben mich und fragte, ob ich gut geschlafen hätte. Ich war verwirrt und fragte mich, was diese Person von mir wollte. Dennoch antwortete ich höflich, dass ich gut geschlafen habe. Ich hätte niemals gedacht, dass dieser Tag den nächsten 9 Jahren meines Lebens eine so bedeutende Wendung geben würde.

In den folgenden Wochen hatten wir Schulungen, da wir für einen Telefonanbieter arbeiteten. Jedes Mal, wenn ich meinen Platz einnahm, setzte sich genau diese Person wieder neben mich. Langsam fing diese Person an, Kommentare darüber abzugeben, dass ich möglicherweise spielsüchtig sei, nur weil ich das Zehnfingersystem am Computer beherrschte.

Nach den dreiwöchigen Schulungen begannen wir endlich, Telefongespräche entgegenzunehmen. Ich saß schräg gegenüber dieser Person, und zum ersten Mal spürte ich ein Gefühl, das ich zuvor nie hatte. Ehrlich gesagt, wollte ich eigentlich lieber alleine sein und hatte nie die Absicht, mich auf eine Beziehung einzulassen.

Einige Wochen später kam Sebastian zu meinem Schreibtisch und ich konnte sofort sehen, dass es ihm nicht gut ging. Er erzählte mir von einem tragischen Vorfall, als sich jemand vor den Zug geworfen hatte, mit dem er gefahren war. Ich bot ihm an, ihn mitzunehmen, da ich ohnehin an seinem Wohnort vorbeikam. So begann unsere Fahrgemeinschaft, und aus dieser entstand eine Freundschaft.

Sebastian erzählte mir von seiner unglücklichen Beziehung, und ich gab ihm den Rat, darüber nachzudenken, ob es nicht besser für ihn wäre, allein zu sein. Keine Liebe, kein Vertrauen, kein Verständnis, keine Nähe - manchmal ist es sinnvoller, sich auf sich selbst zu konzentrieren und herauszufinden, was man wirklich in einer Beziehung sucht.

Sebastian war eigentlich immer an der Seite seines Partners, auch wenn die Liebe längst erloschen war und nur noch Gewohnheit und Abhängigkeit übrig waren. Doch ich brachte ihm gegenüber zum Ausdruck, dass es möglicherweise besser für ihn wäre, ein neues und erfüllteres Leben alleine zu beginnen.

Nach einer kurzen Bedenkzeit stimmte er schließlich zu und zwischen uns beiden entstand eine starke Verbindung. Wir genossen die Zeit miteinander und unternahmen lange Spaziergänge. Besonders mit seinem Hund verbrachten wir schöne Momente.

Das Problem war jedoch, dass Sebastian noch immer in einer Beziehung gefangen war, obwohl sie längst zerrüttet war. Wir hatten den Wunsch, gemeinsam zu leben und schnellstmöglich eine gemeinsame Wohnung zu finden. Doch bevor das möglich war, musste Sebastian seinem Partner die Wahrheit sagen und ihm mitteilen, dass er nicht mehr mit ihm zusammenbleiben konnte.

Als Sebastian mir per WhatsApp von seinem Vorhaben erzählte, spürte ich eine Mischung aus Mitgefühl und Verständnis für seine schwierige Situation. Es war klar, dass der Gedanke an eine Trennung nach 15 Jahren schmerzhaft für ihn war, auch wenn die Liebe längst erloschen war und nur noch Gewohnheit da war.

Wir konnten nichts für unsere Liebe und wollten so schnell wie möglich zusammenzuziehen. Eine Freundin von Sebastian gab uns einen Tipp und tatsächlich bekamen wir diese Wohnung. Sie war komplett möbliert und wir konnten sofort einziehen. Obwohl ich ein paar Bedenken hatte, war unsere Liebe so stark, dass wir uns einbildeten, dass wir es schaffen würden. Er packte seine Sachen bei seinem Ex-Freund zusammen und wir brachten sie in die neue Wohnung.

Ich holte Sebastian ab und wir fuhren gemeinsam in unsere neue Wohnung. Es war ein unglaublich schönes Gefühl, doch leider entwickelten sich schnell Streitigkeiten zwischen uns. Im Nachhinein betrachtet, kann ich sagen, dass wir zu diesem Zeitpunkt die Bremse hätten ziehen können. Das hätte uns viel Herzschmerz erspart. Aber man hofft und versucht, etwas aufrechtzuerhalten, was eigentlich nicht funktioniert. Man bildet sich ein, dass es richtig ist, obwohl tief in meinem Unterbewusstsein der Gedanke verankert war, dass wir einfach nicht zusammenpassen.

Ich hatte Angst davor, verlassen zu werden, und diese Ängste führten zu Depressionen. Es gab Tage, an denen ich nicht aufstehen konnte, keine Kraft hatte und mich einfach müde fühlte. Ich hatte jegliche Lust verloren. Die unermessliche Angst, einen geliebten Menschen zu verlieren, beängstigte mich zutiefst.

Zwischenzeitlich verlor ich auch meine Arbeit, da meine Depressionen dazu führten, dass ich einen Krankenschein benötigte und letztendlich gekündigt wurde.

Jetzt stand ich zum ersten Mal in meinem Leben vor dem Jobcenter. Ich hatte das Privileg, nicht in Armut aufzuwachsen und behütet großzuziehen. Ich konnte fast sagen, dass ich eigentlich alles hatte, was ich brauchte.

Ich muss erwähnen, dass unsere Wohnung in einem sozialen Brennpunkt lag, und für mich war es extrem schwierig, damit umzugehen. Zwei Häuser weiter befand sich ein Bordell, in unserem Haus wurde exzessiv gekifft und es gab regelmäßige Feuer, bei denen Benzin und Spraydosen ins Spiel kamen. Es war eine völlig neue Welt für mich, und die Polizei gehörte zu unserem Alltag.

Nun war ich also beim Jobcenter und musste Hartz IV beantragen. Weder meine Eltern noch ich hatten jemals zuvor mit Behörden zu tun gehabt, geschweige denn auf staatliche Unterstützung angewiesen zu sein. Ich saß im Wartebereich und wartete darauf, aufgerufen zu werden. Die Dame gab mir einen Stapel Papiere, die ich ausfüllen sollte, und dann ging ich wieder nach Hause. Nun war ich also Hartz-IV-Empfänger.

Da unsere Wohnung viel zu groß und zu teuer war, forderte das Jobcenter uns auf, eine neue Wohnung zu suchen. Der Mietspiegel müsse beachtet werden, so wurde uns erklärt.

Nun gut, dachte ich mir, dann ziehen wir eben eine Etage tiefer. Ich hatte die Hoffnung, dass wir zurück in meine Heimatstadt zurückkehren könnten. Doch mein Partner wollte lieber dort bleiben. Wenn man einen gemeinsamen Weg geht, muss man ihn so gehen, dass beide einigermaßen zufrieden sind. Aufgrund meiner Ängste, verlassen zu werden, musste ich wohl oder übel zustimmen.

Also zogen wir nun eine Etage tiefer in eine kleinere Wohnung. Das war gar nicht so schlimm, denn ich fand sie sogar gemütlicher als unsere vorherige. Inzwischen nahm ich Medikamente aus der Gruppe der Benzodiazepine, und ich erinnere mich noch genau an den Tag, als ich sie zum ersten Mal einnahm. Ich ging in die Küche, nahm mir ein Glas Wasser, schluckte die Tablette herunter und setzte mich in meinen Sessel, um auf die Wirkung zu warten.

Nach etwa 20 Minuten spürte ich, wie ich allmählich müde wurde. Ich wollte aufstehen und mich ins Bett legen. Doch als ich aufstand, fiel ich plötzlich auf den Boden. Meine Beine fühlten sich an wie Wackelpudding. Ich rappelte mich wieder auf und ging ins Schlafzimmer, um mich auf das Bett zu legen. Ich kann nicht leugnen, dass dieses Gefühl nicht angenehm war, aber es kam mir vor, als ob ich fliegen würde.

Auch dieser Tag veränderte die nächsten zwei Jahre meines Lebens, denn ich nahm immer höhere Dosen der Medikamente ein. Die anfängliche Wirkung, die ich verspürte, konnte ich nicht mehr erreichen. Bei jedem negativen Gedanken griff ich zu einer halben oder gar ganzen Tablette. So entwickelte ich innerhalb kürzester Zeit eine Abhängigkeit.

Diese zwei Jahre unter den Benzodiazepinen waren eine Achterbahnfahrt der Gefühle, die ihresgleichen suchte. Ich hatte extreme Stimmungsschwankungen - in einer Minute konnte ich lachen und in der nächsten wie ein gebrochener Hund weinen. Dennoch waren die Ängste nicht mehr so präsent wie zuvor und es ging mir tatsächlich etwas besser, zumindest bildete ich es mir ein.

Nun hatten wir sehr wenig Geld und kaum etwas zu essen. Wir hatten Schulden und mussten irgendwie an Essen kommen. Ich hatte im Fernsehen einmal von sogenanntem "Containern" gehört - Menschen, die zu Mülltonnen gehen und nach Essbarem suchen. Also gingen wir nachts zu den Mülltonnen der Supermärkte und ich beugte mich hinein, während ich mir dachte, was für einen Tiefpunkt ich erreicht hatte. Ich musste tatsächlich Essen aus dem Müll essen.

Ich hatte das Glück, dass mein Partner ein ausgezeichneter Koch war und wirklich köstliche Gerichte aus den einfachsten Zutaten zaubern konnte. Obwohl wir nur wenige Dinge in den Mülltonnen fanden, konnte er etwas Magisches daraus machen. Er hatte ein Talent dafür.

An Weihnachten gingen wir in den Wald und sammelten Äste und Holz, und er konnte mit einfachsten Mitteln wunderschöne Weihnachtsdekoration herstellen.

Leider hatten wir aufgrund unserer finanziellen Situation kaum noch Geld übrig. Wir hatten Verträge für Handys und andere Ausgaben, die bezahlt werden mussten. So blieb von unserem Hartz-IV-Satz nur noch sehr wenig, fast gar nichts übrig.

An einem Morgen klingelte es an der Tür und ein Mitarbeiter der Stadtwerke stand davor. Er teilte uns mit, dass der Strom abgestellt werden müsse, da noch offene Rechnungen vorlagen. Dies markierte einen neuen Tiefpunkt in meinem Leben.

Der Mitarbeiter begab sich in den Keller, schaltete die Sicherungen aus und ersetzte sie durch neue, die er versiegelte. Nun saßen wir ohne Strom da. Erst in diesem Moment wurde uns klar, dass wir nichts mehr tun konnten.

Es gab kein Fernsehen mehr, wir konnten unsere Handys nicht aufladen und es gab kein Internet. Selbst Essen zubereiten war nicht mehr möglich.

In diesem Moment kam ein Nachbar zu uns. Ich muss erwähnen, dass einige Bewohner in unserem Haus ebenfalls ohne Strom waren. Der Nachbar bot uns an, unsere Lebensmittel zumindest bei ihm aufzubewahren und sogar unser Handy aufzuladen, wenn wir wollten. Ich fand das bemerkenswert, denn hier halfen uns fremde Menschen, auch wenn sie selbst nicht auf der Sonnenseite des Lebens standen. Es war etwas Besonderes.

Nun mussten wir uns darum kümmern, den Strom wiederzubekommen. Wir erhielten ein Darlehen vom Jobcenter und vom Sozialamt. Ich war unglaublich erleichtert, dass wir wieder Strom hatten. In solchen Momenten erkennt man, was wirklich wichtig im Leben ist. Es sind nicht der neue Porsche oder der Ferrari, nein, es sind die kleinen Dinge, die in unserem Leben unglaublich wertvoll sind und die wir zu schätzen wissen sollten.

Ich selbst hatte mich zuvor nie um solche Dinge kümmern müssen. Ich war dankbar dafür, dass ich behütet aufwachsen durfte. Rückblickend kann ich sagen, dass Menschen, die wenig haben, oft die großzügigsten und herzlichsten Menschen sind.

Besonders dieser Nachbar hatte es in seinem Leben unglaublich schwer. Er hatte ein Kind verloren und in seiner Trauer wurde er auch spielsüchtig. In unserem Haus befanden sich wirklich verlorene Seelen, und mir tat es unendlich leid für sie. Sie hatten noch schlimmere

Schicksalsschläge erlebt als ich, hatten kein Glück im Leben, aber dennoch waren sie so herzlich und halfen so viel, wie sie konnten.

Es ist erstaunlich zu sehen, wie Menschen, die selbst mit großen Herausforderungen konfrontiert sind, Großzügigkeit und Mitgefühl zeigen können. Es erinnert mich daran, dass Glück nicht immer von materiellen Dingen abhängt, sondern von der inneren Stärke und Menschlichkeit, die wir anderen gegenüber empfinden.

Eines Tages erhielt ich Post vom Sozialamt, in der ich aufgefordert wurde, an einer Maßnahme zur Wiedereingliederung teilzunehmen. Auch wenn ich nicht besonders motiviert war, wusste ich, dass ich dieser Verpflichtung nachkommen musste. Also trat ich die Maßnahme an und zu meiner großen Überraschung traf ich dort eine Person, die ebenfalls aus meiner Heimatstadt stammte.

Es stellte sich heraus, dass sie als Sekretärin dort arbeitete und eigentlich keine Teilnehmerin der Maßnahme war. Normalerweise hatte sie wenig mit den Teilnehmern zu tun, aber dennoch verstanden wir uns auf Anhieb sehr gut. Es war erstaunlich, wie sympathisch wir uns waren.

Nachdem ich dreimal die Woche dort erscheinen musste und kleinere Bürotätigkeiten erledigte, merkte ich, dass ich gerne arbeite, solange die Umstände stimmen und die Menschen um mich herum nett und zuvorkommend sind. Ich hätte dort ewig bleiben können, obwohl ich nur 1 € pro Stunde verdiente. Doch natürlich war mir klar, dass diese Maßnahme begrenzt ist und es keinen Sinn macht, dort bis zur Rente zu bleiben.

Mit dem Ende der sechs Monate wollte ich wieder arbeiten gehen und stieß zufällig auf eine Stellenanzeige in der Zeitung, in der ein Gebäudereiniger auf Minijob-Basis gesucht wurde. Ich rief dort an, hatte rasch ein Vorstellungsgespräch und begann schließlich in der Gebäudereinigung zu arbeiten.

Irgendwann erhielten wir die Mitteilung von einer Bekannten, dass sie über eine Wohnung verfügte und wir sie haben könnten, wenn wir wollten. Also zogen wir erneut um. Obwohl ich es leid war, ständig umzuziehen, sehnte ich mich nach meiner Heimatstadt zurück. Ich befand mich in einem Zwiespalt: Einerseits wollte ich zurück in meine vertraute Umgebung, andererseits war ich froh, in einer neuen Stadt zu sein, in der mich niemand kannte. Hier konnte ich frei sein und leben, wie ich wollte.

Im Laufe der Zeit musste ich meine Medikamente absetzen, da sie mein Gehirn vernebelt hatten. Als ich wieder einmal Medikamente holen wollte, rief mich mein Arzt in sein Behandlungszimmer und erklärte mir, dass wir so nicht weitermachen könnten. Er schlug vor, die Tabletten langsam auszuschleichen.

Ich war entsetzt, denn für mich waren die Medikamente essenziell. Doch ich merkte, dass diese Abhängigkeit mich vollkommen zerstört hatte. Meine Gedanken waren wirr, ich fühlte mich verloren und ohne Plan. So blieb mir nichts anderes übrig, als die Tabletten abzusetzen. Ich bekam zwar neue Medikamente, aber das Gefühl war nicht dasselbe.

Ich öffnete mich dem Psychiater und erzählte von meinen Problemen mit meinem Partner. Zwischenzeitlich gab es viele Streitereien. In all dieser Zeit bis zu dem Tag, an dem wir heirateten - dazu werde ich später mehr erzählen - hatte er Kontakt zu seinem Ex-Partner. Es gab heimliche Treffen und er besuchte ihn regelmäßig.

Es vergingen fast vier Jahre, seitdem wir zusammen waren, und die Problematik mit dem Ex-Freund meines Partners blieb bestehen. Trotz meiner Bitten und seines wiederholten Versprechens, den Kontakt abzubrechen, blieb er weiterhin mit seinem Ex-Freund in Verbindung. Ich wusste, dass sein Ex-Freund ihn zurückhaben wollte und kämpfte beharrlich um ihn.

Diese Situation war äußerst belastend, da der Ex-Freund in gewisser Weise jeden Tag präsent war - auch wenn er physisch nicht anwesend war. Durch Telefonate und den gemeinsamen Hund konnte er meinen Partner beeinflussen und erpressen. Die ständige Präsenz und Einflussnahme des Ex-Freunds führte zu wiederholten Auseinandersetzungen zwischen uns, die sich im Laufe der Zeit wiederholten.

Eines Tages kam die Bekannte, die uns die Wohnung vermietet hatte, zu uns und teilte uns mit, dass ihre Tochter in das Haus ziehen möchte. Sie drückte uns eine Eigenbedarfskündigung in die Hand und wir waren wieder an einem neuen Tiefpunkt angelangt. Obwohl wir beide inzwischen Arbeit hatten - ich als Gebäudereinigerin und er als Service-Mitarbeiter in einem Casino - war es sehr unwahrscheinlich, schnell eine neue Wohnung zu finden. Als ob das nicht genug wäre, wurde er auch noch gekündigt und verlor seinen Job. Ich hatte zwar immer noch einen Job, aber mein Verdienst alleine reichte nicht aus, um für uns beide zu sorgen.

Nun hatten wir nur noch drei Monate Zeit, um eine neue Wohnung zu finden, und es war unglaublich schwierig. Der erste Monat verging, dann auch der zweite, und wir waren wirklich verzweifelt. Ich war so verzweifelt, dass ich sogar darüber nachdachte, Suizid zu begehen. Der Gedanke, nicht mehr leben zu wollen, schien in diesem Moment alles zu lindern. Alle unsere Probleme wären verschwunden. Doch war das wirklich die Lösung? Es schien so einfach und feige zugleich.

Es war das erste Mal in meinem Leben, dass mir Suizidgedanken durch den Kopf gingen. Ich setzte mir eine Frist von einem Monat. Falls es uns nicht gelingen sollte, innerhalb dieses Monats eine neue Wohnung zu finden, würde ich es beenden. Das Leben auf der Straße konnte ich mir nicht vorstellen - kein Essen, kein Strom, all diese Unsicherheiten im Vergleich zu einem Leben auf der Straße.

In meiner Verzweiflung entschied ich mich, einer Freundin von meinen Gedanken zu erzählen. Entsetzt reagierte sie und betonte, dass dies keine Lösung sein könne. Sie bot mir an, bei ihr zu wohnen, bis wir eine neue Wohnung gefunden haben.

Es ist eine solche Erleichterung, jemanden zu haben, dem man sich anvertrauen kann und der bereit ist, in schwierigen Zeiten Zuflucht zu bieten. Das Angebot meiner Freundin ermöglichte es uns, zumindest vorübergehend eine Unterkunft zu haben und das Schlimmste abzuwenden.

Wir haben nun den Umzug organisiert und ziehen in den Keller zu meiner Freundin. Ich war froh, überhaupt eine Unterkunft gefunden zu haben, und zusätzlich hatte ich den Vorteil, wieder in meiner Heimatstadt zu sein. Aus purem Zufall öffnete ich die Zeitung und fand die erstbeste Anzeige für eine Wohnung. Ich erhielt prompt einen Besichtigungstermin. Es ist kaum zu glauben, aber ich hatte tatsächlich das Glück, sofort eine Wohnung zu finden. Wir sind eingezogen, allerdings hatten wir mittlerweile nichts mehr, da wir sämtliche Möbel, den Fernseher, meine Waschmaschine verkaufen oder verschenken mussten.

Nach fünf gemeinsamen Jahren und den vielen Höhen und Tiefen, die wir erlebt haben, haben wir uns zusammengerauft. Trotz all der Streitigkeiten und Widerstände habe ich ihm einen Heiratsantrag gemacht. In den letzten fünf Jahren waren wir schon bereit für die Ehe. Ich dachte, dass wir so viel gemeinsam durchgestanden haben - Obdachlosigkeit, Sucht - und dass es nur für immer halten kann.

Wir haben geheiratet, doch irgendwie wurde mir am Tag unserer Hochzeit bewusst oder es wurde mir langsam klar, ob es möglicherweise ein Fehler war. Immer wieder gab es Streitereien und Auseinandersetzungen.

Ich hatte gehofft, dass sich durch die Hochzeit zumindest etwas verbessern würde und wir eine noch innigere Bindung haben würden. Doch leider habe ich mich getäuscht. Im Gegenteil, es wurde immer schlimmer. Vielleicht lag es daran, dass ich nicht mehr gegen einen Ex-Freund ankämpfen musste und er somit nicht mehr präsent war. Ich hatte ihn für mich alleine und vielleicht war genau das das Besondere an unserer Beziehung, so komisch es auch klingen mag.

Nach der Hochzeit befanden wir uns im Endspurt und ich dachte, dass die Ehe so nicht halten kann, da wir uns wegen Kleinigkeiten stritten. Ich fragte mich, wo der Zauber hin war, den wir früher einmal hatten. Irgendwann schlief er sogar auf der Couch und ich im Bett.

Mein lang gehegter Traum war es, eine eigene Firma zu gründen, und er erfüllte mir diesen Wunsch, da ich früher Schulden aus meiner Jugend hatte konnte ich selbst keine gründen. Er eröffnete eine Gebäudereinigungsfirma - es war nicht einfach, doch von Anfang an verlief es gut. Die Umsätze verdoppelten sich monatlich, aber die Ehe wurde zu einem Trümmerhaufen. Ich erfuhr, dass er heimlich feiern ging. Irgendwann bot ich ihm an, um vielleicht die Ehe noch zu retten, eine offene Beziehung zu führen. Zuerst lehnte er es ab, aber recht schnell gewöhnte er sich an den Gedanken. Schon jetzt spürte ich, dass es nicht mehr lange dauern würde, bis alles vorbei war. Durch die Firma hatten wir relativ viel Geld zur Verfügung und wir haben die Zeiten von Hartz IV schnell vergessen. Wir führten ein angenehmes Leben, auch wenn es nur noch anderthalb Jahre waren. Ich glaube, die Firma hat unsere Ehe komplett ruiniert. Jeder wollte sich durchsetzen, keiner gab nach, und so kam es schlussendlich dazu, dass die Streitereien nicht mehr aufhörten und wir kaum noch miteinander sprachen. Eines Tages stellte er mich vor vollendete Tatsachen.

Ich erinnere mich noch genau an den Tag, als er zu mir kam und sagte, dass er sich eine Wohnung gesucht hat und ausziehen wird. Ich konnte es eigentlich nicht glauben, aber es war klar, dass die Ehe zu Ende war. Irgendwie hatten wir uns bereits daran gewöhnt, zumindest ich. Und so, nach dem Motto "man sollte aufhören, wenn es am schönsten ist", war es bei uns auch. In der Zeit, in der wir am meisten Geld hatten, war es plötzlich vorbei, von einem Tag auf den anderen. Ich hatte mich zwar schon mit dem Gedanken abgefunden, aber es verletzte mich dennoch tief. Vor allem der letzte Satz bzw. die Frage, die ich ihm gestellt habe: "Bin ich wirklich so ein schlechter Mensch?" Als ich ihm diese Frage stellte, schaute er mich an, drehte sich langsam zur Tür und ging wortlos hinaus.

Für mich brach eine Welt zusammen, obwohl ich irgendwie darauf vorbereitet war. Plötzlich stand ich ganz alleine da, ohne Arbeit, ohne Partner. Von einem Tag auf den anderen war alles weg.

Nun stellte ich mir selbst die Frage, ob ich wirklich so ein schlechter Mensch war und ob ich wirklich so viele Fehler gemacht hatte. Heute kann ich sagen, ja, das habe ich. Es braucht immer zwei Personen für eine Beziehung und man sollte zuerst bei sich selbst nach Schuld suchen. Dennoch bin ich dankbar, dass ich diesen Menschen kennenlernen durfte und diese unheimlich schöne, aber auch traurige und tiefgehende Zeit erleben durfte. Es war wie ein Abenteuer für mich und ist es auch heute noch, denn das Leben selbst ist für mich ein einziges großes Abenteuer. Durch ihn durfte ich so viel erleben, er hat mir viele Möglichkeiten geboten und ist immer zu mir gestanden. Ich habe erst gelernt, diese Dinge zu schätzen, als sie nicht mehr da waren. Durch ihn, oder besser gesagt, durch die Zeit, die ich mit ihm verbracht habe - fast 10 Jahre - durfte ich viele Menschen kennenlernen, die ich sonst wahrscheinlich nie getroffen hätte. Ich habe mich mit dem Sinn des Lebens auseinandergesetzt und bin zu dem Schluss gekommen, dass es keinen vorbestimmten Sinn geben muss. Selbst an dem Tag, an dem wir uns nach dem Sinn des Lebens fragen, haben wir trotzdem gelebt. Heute kann ich auf eine schöne Zeit und ein großes Abenteuer zurückblicken, voller Erfahrungen, die ich als normaler Mensch oder jemand "Normales" wohl nicht erlebt hätte.

Heute kann ich die Situation von obdachlosen Menschen verstehen, von Menschen, die von Sucht betroffen sind, Suizidgedanken haben, unter Depressionen, Angstzuständen leiden. Ich kann vieles nachvollziehen und kann nur einfach Danke sagen - Danke für fast 10 Jahre voller intensiver Emotionen, sowohl guter als auch schlechter. Denn nicht alles, was zuerst negativ erscheint, muss auch wirklich schlecht sein. Viele sagen ja, man bereut nicht die Dinge, die man getan hat, sondern dass, was man nicht getan hat. Und heute bin ich unglaublich dankbar dafür und kann ihm einfach nur von Herzen Danke sagen.

Der Titel meines Buches lautet "Mein Jakobsweg" aus einem einfachen Grund. Viele Menschen begeben sich auf den Jakobsweg, um nach dem Sinn des Lebens zu suchen oder um sich selbst zu finden. Doch muss man wirklich den Jakobsweg gehen, um sich selbst zu finden? Ich glaube nicht. Wenn man im Leben bewusst ist und im Hier und Jetzt lebt, eröffnet sich ein persönlicher Jakobsweg vor einem. Man kann seine eigene Reise antreten, um den Sinn des Lebens zu entdecken und sich selbst zu finden.

Gibt es Liebe wirklich?

Gibt es wirklich Liebe? Aus meiner heutigen Sicht würde ich ganz klar sagen NEIN, es gibt keine Liebe. Das mag sich jetzt vielleicht blöd anhören, aber ich persönlich glaube, dass "Liebe" oder das, was wir Menschen als Liebe bezeichnen, nicht existiert. Es ist lediglich ein Gefühl, das schnell wieder verschwindet. Man kennt es als die Zeit mit der rosaroten Brille. Tatsächlich vertrete ich nun die Ansicht, dass Liebe einfach ein chemischer Prozess im Gehirn ist, der vielleicht als Anstoß dient, um mit jemandem zusammen zu sein. Dennoch kann man diese Chance nutzen und darauf aufbauen. Letztendlich kann man nach beispielsweise 25 Jahren Ehe nicht behaupten, dass man die Person noch genauso liebt wie am ersten Tag. Vielmehr hat man einen Menschen gefunden, dem man vertraut und mit dem eine tiefe Verbundenheit besteht. Und genau das ist so wichtig, denn Liebe an sich gibt es nicht. Sobald der chemische Prozess im Hirn nachlässt, muss man eine Basis finden, auf der man sich gut versteht, vertraut und aufeinander zählen kann. Denn genau darauf kommt es in einer Partnerschaft an. Sollte dies irgendwann nicht mehr vorhanden sein, sollte man ehrlich zu sich selbst sein und einen Schlussstrich ziehen. Viele Menschen können beispielsweise Untreue nicht verzeihen, was ich persönlich nachvollziehen kann. Und ich kann jetzt sagen, dass es nach der Trennung viel besser ist, auch weil sowohl man selbst als auch der Partner eine neue Chance haben, sich ein neues sinnvolles Leben aufzubauen.

Was ist der Sinn des Lebens?

Gibt es einen Zweck im Dasein? Ich fasse mich kurz und kann klar sagen: Nein. Als großer Anhänger der Philosophie habe ich für mich erkannt, dass jeder für sich selbst entscheiden muss. Es gibt keinen vorbestimmten Zweck. Das Leben folgt einfach dem natürlichen Lauf der Natur. Nur der Mensch möchte wissen, warum er existiert. Aber ist das wirklich notwendig? Bis zu dem Tag, an dem wir uns zum ersten Mal diese Frage gestellt haben, konnten wir doch in Ruhe leben und es hat uns nicht interessiert. Warum sollten wir also danach suchen? Und ist es so schlimm, dass es keinen Zweck gibt? Stellen wir uns vor, es gibt wirklich keinen Zweck. Was würde sich in unserem Leben oder in der Welt ändern? Nichts. Wir würden trotzdem weiterleben und unser Leben so führen wie bisher. Vielmehr haben wir doch die Chance, unser Leben frei zu leben, ohne ein bestimmtes "Ziel" erreichen zu müssen.

Liebe Leserinnen und Leser,

mit großer Freude und Dankbarkeit möchte ich an dieser Stelle meine aufrichtige Danksagung aussprechen.

Zuallererst möchte ich meinen Eltern meinen tiefsten Dank aussprechen. Ihr habt mich von Anfang an ermutigt, meinen Träumen zu folgen und meine Leidenschaft. Eure bedingungslose Unterstützung und euer Glaube an mich haben mich stets motiviert, auch in schwierigen Zeiten nicht aufzugeben.

Ein herzliches Dankeschön geht auch an all die wunderbaren Menschen, die ich im Laufe meines Lebens kennenlernen durfte. Ihr habt mich inspiriert, mich herausgefordert und mir geholfen, meine Perspektiven zu erweitern. Eure Geschichten, eure Erfahrungen und eure Freundschaft haben einen unermesslichen Einfluss auf meine Entwicklung als gehabt.

Besonderer Dank gebührt meinen Freunden, die immer an meiner Seite waren und mich ermutigt haben.

Nicht zuletzt möchte ich meinen Leserinnen und Lesern danken. Eure Unterstützung und euer Interesse an meinen Geschichten bedeuten mir unendlich viel. Es ist ein Privileg, meine Gedanken und Emotionen mit euch teilen zu dürfen, und ich hoffe, dass meine Worte euch berühren, inspirieren und zum Nachdenken anregen.

Abschließend möchte ich betonen, dass diese Danksagung nur einen Bruchteil der Menschen.